(Conserver la couverture)

MÉMOIRE

Par M. Auguste LAGET
PROFESSEUR DE DÉCLAMATION LYRIQUE

Contre Mme Caroline BARBOT
PROFESSEUR DE CHANT (Classe des demoiselles)

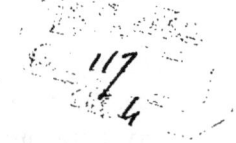

A Monsieur le Maire,

A Messieurs les membres du Conseil municipal de la ville de Toulouse.

MESSIEURS,

Certains renseignements qu'il a fallu me procurer avant de rédiger ce Mémoire ne m'ont pas permis de porter plus tôt à votre connaissance un fait regrettable qui s'est passé au Conservatoire de musique à la date du 8 juillet dernier, le jour du concours de grand opéra.

Si ce fait était isolé, je n'y attacherais qu'une importance relative; mais il est la continuation, de la part de Mme Barbot, professeur de chant des demoiselles, d'une série d'injures et de vexations que je ne saurais tolérer plus longtemps.

La précédente administration municipale m'avait invité, dans le courant du mois d'avril dernier, à lui adresser un rapport au sujet de mes griefs contre Mme Barbot; mais, à cette époque, je crus devoir décliner cette responsabilité (1). Aujourd'hui, la mesure est comble ; mes scrupules se sont évanouis, et je vous avouerai même que si je gardais plus longtemps le silence, je me mésestimerais et croirais me manquer à moi-même.

Pour ne rien oublier de ce qu'il est essentiel que vous sachiez, je vous demande la permission, Messieurs, de jeter un regard en arrière, c'est-à-dire de prendre les choses par le commencement.

Ceci dit, j'entre en matière.

A peine installée au Conservatoire, Mme Barbot eut maille à partir avec M. Hugounenc, aujourd'hui professeur d'harmonie. Entre autres aménités, elle lui dit, en pleine classe : « Vous feriez bien, Monsieur, de retourner à l'école. » Textuel.

Plus tard, elle chercha querelle à M. Dufrêne, professeur de chant, et une altercation des plus vives s'ensuivit, en présence de M. le directeur.

De son côté, Mme Fauré vous attestera, Messieurs, qu'en mainte circonstance Mme Barbot a rendu sa situation bien difficile, en empêchant les jeunes filles du chant de suivre le cours de déclamation lyrique.

C'est ce qui se serait certainement renouvelé pour ma classe, si M. Deffès l'avait souffert. J'en trouve la preuve dans l'attestation annexée à ce Mémoire, et dont je reproduis ici le cinquième paragraphe :

---

(1) Toutefois, une commission d'enquête fut nommée, et MM. les enquêteurs furent pris parmi les membres de la commission administrative du Conservatoire. Pourquoi cette commission n'a-t-elle pas fonctionné ?... Puissent mon Mémoire et les faits qui y sont relatés faire jaillir la lumière, et provoquer enfin les investigations de l'administration municipale !

« Je soussigné, E. Dreveton, déclare que Mme Barbot
» s'est efforcée d'empêcher ma fille de suivre les classes
» de déclamation lyrique, arguant qu'elle s'y briserait
» la voix, et que le professeur de cette classe, M. Laget,
» l'enseignerait à chanter absolument blanc. »

Parlerai-je de l'insulte grave dont M. Réyer, membre de l'Institut et inspecteur de notre Conservatoire, fut l'objet au concours de chant de l'année 1882 ?... Non, Messieurs, car ma plume se refuse à reproduire ici les paroles grossières dont Mme Barbot se servit. Le scandale fut grand !... J'en prends à témoin M. Paul de Laburthe, membre du conseil d'administration du Conservatoire, qui, comme moi, faisait partie du jury ce jour-là. Qu'il me suffise de rappeler que, par arrêté en date du 23 septembre 1882, M. le Ministre de l'instruction publique et des beaux-arts, suspendit de ses fonctions pendant trois mois le professeur malappris, et lui infligea une retenue d'appointements pendant ce même laps de temps (1).

Permettez-moi maintenant de vous citer un fait qui prouve, Messieurs, combien Mme Barbot est autoritaire, et combien ses procédés envers ses élèves ont besoin d'être contrôlés.

Pas plus tard que l'année dernière, Mme Barbot fit renvoyer Mlle Boyer, sa meilleure élève. Celle-ci en référa à M. le Maire, qui manda l'irascible professeur dans son cabinet. Là, M. le Maire pria Mme Barbot de vouloir bien reprendre l'élève éliminée. L'insistance fut

---

(1) Date de l'arrêté : 23 septembre 1882. — Date de la suspension : à partir du 1er octobre 1882.

grande; tout fut inutile. Ce que voyant, M. le Maire, indigné, s'exprima à peu près en ces termes : « Madame, puisque vous refusez de reprendre votre élève, moi, maire de la ville de Toulouse, je vous *ordonne* de la réintégrer dans votre classe. »

Trois mois après, Mlle Boyer remportait quatre seconds prix ; cette année, elle a remporté quatre premiers prix ; et j'insiste sur cette particularité, à savoir : que si M. le Maire n'avait pas imposé sa volonté, vous n'auriez cette année aucun sujet lyrique du sexe féminin à envoyer au Conservatoire de Paris.

Et lorsque je vous signale toutes ces choses-là, Messieurs, ne croyez pas que j'y sois poussé par un sentiment de mesquine jalousie ou par un intérêt de *boutique*, pardonnez-moi cette expression. Tout le monde sait qu'en dehors de mon cours au Conservatoire, je ne donne aucune espèce de leçons, bien que je sois lauréat pour le solfège, le violoncelle, le chant et la déclamation lyrique. L'on m'attaque, je me défends : voilà la vérité. C'est pourquoi je ne quitterai pas la classe de chant des demoiselles sans vous entretenir, Messieurs, d'un petit commerce lucratif qui s'y exerce sans vergogne.

Mme Barbot conclut des traités, témoin la saisie-arrêt opérée en vertu de l'un de ces traités sur les appointements de Mlle Candelon ; elle flatte les élèves qui prennent des leçons particulières ; elle moleste celles qui n'en prennent pas. Parmi ces demoiselles, il y en a qui n'ont appris que deux airs par année. De ce train-là, combien faudra-t-il de temps à ces jeunes filles pour apprendre à chanter ?

Un sujet recommandable se présente-t-il au domicile particulier de l'ex-cantatrice transformée en agent dramatique? elle lui tient ordinairement ce langage :
« Vous possédez une belle voix, je me charge de votre
» instruction musicale et dramatique, et, plus tard, je
» vous enverrai débuter à l'étranger ; vous n'aurez pas
» besoin d'aller au *Conservatoire de musique de Paris.* »
Authentique.

Et en parlant ainsi, l'ex-cantatrice va à l'encontre du but que poursuit notre école de musique. La chose est grave. En outre, grâce à Mme Barbot, le Conservatoire de Toulouse est désormais en contradiction flagrante avec son programme ; l'enseignement n'y est plus gratuit : en effet, presque toutes les élèves de la classe de chant des demoiselles prennent des leçons particulières ; c'est fatal, car il y a *pression* de la part du professeur. Je l'affirme.

L'on vous dira peut-être, Messieurs, que je vois les choses au travers d'un verre grossissant et que j'exagère? Non, Messieurs, je n'exagère rien : je n'avance que des faits dont j'ai au préalable contrôlé l'exactitude, et dont je suis absolument certain.

J'aborde maintenant un sujet délicat, en ce sens que ma personnalité est en cause. Je serai prudent, je ne forcerai pas les couleurs.

Vers le 15 décembre dernier, Mme Barbot prit l'initiative d'une souscription pour offrir, à l'occasion du premier jour de l'an, un objet d'art à notre honorable directeur. L'intention était certainement bonne en soi ; mais j'étais trop l'ami de M. Deffès pour ne pas lui en faire apercevoir les inconvénients. Il comprit ; aussi

s'empressa-t-il de me dire : « Veuille remercier tes col-
» lègues de ma part pour leur bonne intention ; mais
» préviens-les que je ne saurais accepter rien, si ce
» n'est leur carte de visite. »

Mᵐᵉ Barbot n'ayant pu mener à bonne fin sa souscription, et s'imaginant, bien à tort, que j'avais em-
ployé des moyens illicites pour l'empêcher, vint m'at-
tendre au moment de mon arrivée en classe, côté des
hommes, où elle n'avait que faire, et m'invectiva de la
plus sanglante manière, en présence de mes collègues,
MM. Ponsan, Divoire, Fauré et de tous mes élèves, qui
attendaient l'ouverture de mon cours.

A ce moment, Mᵐᵉ Barbot était hors d'elle-même ;
c'était une euménide : ses yeux lançaient des éclairs,
sa bouche vomissait l'injure !... Les expressions de
jésuite et de *lâche* furent prononcées plusieurs fois, et,
paraphrasant le tout, mon adversaire ajouta : « Le
lâche ! si je portais un pantalon, vous le verriez re-
culer... »

A cette époque, j'avais sollicité et obtenu de M. le
Maire la permission de communiquer tous ces détails
à qui de droit et, pour cet objet, Messieurs, je devais
être admis en présence des membres de la commission
administrative du Conservatoire ; mais l'avant-veille de
leur réunion mensuelle, qui devait avoir lieu le 7 jan-
vier, M. Deffès m'engagea à ne point donner suite à ma
plainte, afin de ne pas réveiller les échos du Conservatoire par le bruit de nos discordes. Je cédai.

Hé ! Messieurs, comment résister à mon excellent
ami, à mon directeur, lui qui, à cette époque, avait
conçu le projet de me tirer de la classe de solfège, où

je végétais, pour me confier la chaire de professeur de déclamation lyrique, où je suis appelé à rendre quelques services?... En vérité, j'aurais été bien ingrat, si je n'avais pas accédé au désir de M. Deffès! Et voilà pourquoi, sans doute, Mme Barbot, impunie, recommence aujourd'hui ses fredaines.

Je poursuis.

Pendant tout le cours de l'année scolaire qui vient de s'écouler, Mme Barbot n'a cessé de me faire une opposition latente mais active, et à certains prodromes il était facile de prévoir ce qui est arrivé le jour du concours de grand opéra.

J'avais réglé la mise en scène du duo du quatrième acte des *Huguenots*, et Mlle Ducros (mon élève pour la déclamation, mais qui l'est de Mme Barbot pour le chant) avait répété en classe, jusqu'à la dernière heure, les mouvements scéniques convenus entre nous, lorsque, le jour du concours, cette élève, à l'instigation de Mme Barbot, a renversé de *fond en comble* la mise en scène du célèbre duo, exécutant à droite ce qui devait être dit à gauche et *vice versa*.

M. Deffès m'avait promis de faire une enquête, mais je suis allé aux renseignements de mon côté, et voici ce que j'ai appris :

M. Dutrey, mon élève, a prétendu qu'il s'était « trompé. » Comment! trompé dix fois de suite dans la même scène?... Mais il m'a avoué qu'il était allé répéter chez Mme Barbot, avec Mlle Ducros, sa partenaire, et qu'on lui avait même marqué la mise en scène sur sa partition.

Quoi! l'auteur de pareils encouragements à l'insubordination serait impuni, et Mlle Ducros, l'élève insoumise, ne serait l'objet d'aucune mesure disciplinaire?... Mon cœur, ma raison, tout en moi me dit que cela ne peut pas être, sinon la justice ne serait plus qu'un vain mot, et l'ordre intérieur du Conservatoire serait sérieusement menacé.

Pour atténuer ces incartades, mon ennemie intime vous montrera peut-être une attestation signée par M. le commissaire central et elle s'efforcera de vous prouver, Messieurs, qu'on s'acharne après elle ; mais la scène à laquelle je fais allusion s'est passée en pleine rue, entre Mme Barbot et la tante de Mlle Cassé, tandis que tous les faits qui sont consignés dans ce Mémoire ont eu lieu dans le sein même du Conservatoire, et acquièrent conséquemment une gravité toute particulière.

Je me résume. Si l'administration municipale, à laquelle j'ai l'honneur de demander justice en ce moment, se détermine à faire une enquête sur les agissements de Mme Barbot, ses investigations lui réservent bien des surprises, et elle connaîtra enfin *toute* la vérité.

Quant à moi, je m'arrête, je me tais ; mais je n'ai pas tout dit.

A. LAGET,
Professeur de déclamation lyrique au Conservatoire
de musique de Toulouse.

Toulouse, le 20 août 1884.

Nous soussignés, professeurs au Conservatoire de musique de Toulouse, déclarons que les faits énoncés ci-dessus sont l'expression de la vérité.

Ont signé le mémoire autographe remis à M. Plassan, adjoint au maire :

MM. J. Hugounenc, professeur d'harmonie.
    J. Dufrêne, professeur de chant.
    V. Gaget, professeur de solfège.
    F. Borne, professeur de flûte.
    A. Sauvaget, professeur de violoncelle.
    J^h Berny, professeur de solfège.
Mlle Assiot, professeur de piano.
MM. A. Guiraud, professeur de violon et doyen de l'Ecole.
    L. Mourlan, professeur de solfège des hommes.
    A. Kunc, professeur de solfège des demoiselles.
    Savit, secrétaire.
    L. Hoffmann, professeur de solfège des demoiselles.
    Bonnel, professeur de clarinette.
    Gabriel Sizes, professeur de solfège des adultes.
    Méric, professeur de chant.
    Magner, professeur de piano.

Nota. — Si quelques-uns de mes collègues n'ont point signé cette déclaration, c'est uniquement parce que les uns sont à Luchon, à Biarritz, à Royan, et que les autres sont à la campagne. Pas UN SEUL de ceux auxquels j'ai pu m'adresser ne m'a refusé son approbation.

                                              A. L.

Attestations diverses annexées à ce Mémoire.

Je soussigné déclare et certifie ce qui suit :

1º En août 1882, j'ai conduit ma fille chez Mme Barbot pour la lui faire entendre, et juger si elle avait une voix apte à faire un premier sujet. Après audition, Mme Barbot m'affirma avec chaleur qu'elle admettait ma fille au Conservatoire.

2º Mme Barbot me dit (en présence de Mme Sibras, professeur de piano de mon enfant), qu'il serait inutile, plus tard, d'envoyer ma fille étudier au Conservatoire de Paris, attendu que, dès ce moment, elle se chargeait de son éducation musicale et dramatique, et qu'ensuite elle l'enverrait débuter à l'étranger. Mais depuis, j'ai, malgré tout, acquis une conviction défavorable par suite des *maux de gorge incessants* qu'a eus mon enfant depuis lors.

3º Avec tristesse et regret il a fallu, par les effets, me rendre à la conviction que Mme Barbot ne prodigue des soins effectifs qu'aux élèves qui ont consenti à passer quelque traité onéreux engageant l'avenir de l'élève, car, en *deux ans de classes assidues*, et des leçons particulières soutenues même pendant les vacances, Mme Barbot n'a enseigné à ma fille, déjà passable pianiste à son entrée au Conservatoire, que quatre morceaux de chant, soit : l'air de *Robert le Diable*, du *Bal masqué*, d'*Hérodiade* et de la *Reine de Saba*.

4º J'affirme, en outre, que Mme Barbot, en voulant transformer la voix de chanteuse légère de ma fille en voix de forte chanteuse, lui a très sensiblement dénaturé son timbre.

5º Je déclare enfin que Mme Barbot s'est efforcée d'empêcher ma fille de suivre les classes de déclamation lyrique, arguant qu'elle s'y briserait la voix et que le professeur de cette classe, M. Laget, l'enseignerait à chanter absolument blanc.

6º Il ne me fait nulle peine, et je déclare sans effort, — résolution bien arrêtée, — que je ne permettrai point à ma fille (comme beaucoup s'en dispensent), d'assister aux classes de chant du Conservatoire de cette ville si Mme Barbot reste la seule ressource des élèves pour le chant.

Toulouse, le 15 juillet 1884.

E. Dreveton *(signature légalisée)*,
32, rue du Rempart-Saint-Etienne.

Je soussignée déclare que Mme Barbot, au commencement de l'année scolaire 1883-1884, me défendit d'entrer dans la classe de déclamation lyrique, sous prétexte que je n'avais pas la voix posée et que j'y briserais mon organe. J'accédai au désir de mon professeur ; mais, quelques jours après, M. Deffès m'inscrivit d'office dans ladite classe. A partir de ce moment, Mme Barbot me prit en grippe, et, pendant tout le cours de l'année, j'ai eu beaucoup à souffrir des inégalités de son caractère.

J'ajouterai que, dans le principe, Mme Barbot m'insinua qu'une leçon particulière ne suffisait pas ; mais, peu fortunés, mes parents ne pouvaient faire davantage.

Fait à Toulouse, le 15 juillet 1884.

Françoise Pérès.

Vu et approuvé l'écriture ci-dessus,
A. Pérès père.
(Signatures ci-dessus légalisées.)

Castelsarrasin, le 16 août 1884.

Je soussignée chanteuse légère, ex-élève du Conservatoire de musique de Toulouse, déclare que Mme Barbot, abusant de mon inexpérience, et alors que je n'étais pas majeure, me fit signer un traité pour prendre des leçons particulières de chant, douze par mois, à 5 francs le cachet.

Bien que souvent je n'eusse pris que dix leçons au lieu de douze, néanmoins, dans l'espace de sept mois seulement, le montant de ces leçons fut fixé à la somme énorme de treize cent cinquante francs (1,350 fr.).

Je déclare, en outre, que Mme Barbot m'avait promis verbalement de n'exiger aucune rémunération avant mon second engagement d'hiver ; mais que, manquant à sa parole, elle me demanda 800 francs dès mon second mois d'activité, prétendant qu'elle avait besoin d'argent. Je lui rappelai sa promesse et lui demandai du temps. Mme Barbot me répondit, — elle qui me prêchait la vertu lorsque j'étais son élève, — que de *n'importe quelle façon* il me fallait trouver l'argent dont elle avait besoin.

Mme Barbot ayant fait saisir mes appointements au Havre, et, l'année dernière, m'ayant méchamment assignée devant le tribunal de Toulouse, sachant que je n'habitais plus depuis longtemps la ville, et m'ayant fait condamner par défaut, je me suis trouvée souvent sans argent pour me procurer les choses les plus indispensables de la vie. En outre, mes appointements étant saisis, et le directeur du théâtre de Nancy ayant fait faillite sur ces entrefaites, par le fait de Mme Barbot j'ai perdu 3,000 francs *immobilisés*, que sans elle j'aurais pu toucher en temps utile et sauver du naufrage.

Je déclare, enfin, que Mme Barbot, pendant le cours de mes études au Conservatoire de Toulouse, traitait comme des chiens les élèves qui ne prenaient pas des leçons particulières, et qu'elle leur disait même des choses que je n'oserais jamais confier au papier.

Je suis prête à affirmer de vive voix les faits consignés dans cet écrit.

Jeanne CANDELON,
Artiste lyrique.

(*Signature ci-dessus légalisée par M. le maire de Castelsarrasin.*)

TOULOUSE. — IMPRIMERIE A. CHAUVIN ET FILS, RUE DES SALENQUES, 28

www.ingramcontent.com/pod-product-compliance
Lightning Source LLC
Chambersburg PA
CBHW060859050426
42453CB00011B/2034